BEI GRIN MACHT SICH IHR WISSEN BEZAHLT

AF131244

- Wir veröffentlichen Ihre Hausarbeit,
  Bachelor- und Masterarbeit

- Ihr eigenes eBook und Buch -
  weltweit in allen wichtigen Shops

- Verdienen Sie an jedem Verkauf

Jetzt bei www.GRIN.com hochladen und kostenlos publizieren

Bibliografische Information der Deutschen Nationalbibliothek:

Die Deutsche Bibliothek verzeichnet diese Publikation in der Deutschen National-
bibliografie; detaillierte bibliografische Daten sind im Internet über http://dnb.d-
nb.de/ abrufbar.

Impressum:

Copyright © 2016 GRIN Verlag, Open Publishing GmbH
Druck und Bindung: Books on Demand GmbH, Norderstedt Germany
ISBN: 9783668341791

Dieses Buch bei GRIN:

http://www.grin.com/de/e-book/343928/mobile-learning-in-der-betrieblichen-wei-
terbildung-von-systemgastronomischen

Hannah Skodell

Mobile-Learning in der betrieblichen Weiterbildung von systemgastronomischen Unternehmen

Welche Gestaltungsmöglichkeiten bieten sich für selbstgesteuerte Lerneinheiten?

GRIN Verlag

GRIN - Your knowledge has value

Der GRIN Verlag publiziert seit 1998 wissenschaftliche Arbeiten von Studenten, Hochschullehrern und anderen Akademikern als eBook und gedrucktes Buch. Die Verlagswebsite www.grin.com ist die ideale Plattform zur Veröffentlichung von Hausarbeiten, Abschlussarbeiten, wissenschaftlichen Aufsätzen, Dissertationen und Fachbüchern.

Besuchen Sie uns im Internet:

http://www.grin.com/

http://www.facebook.com/grincom

http://www.twitter.com/grin_com

Technische Universität Kaiserslautern

Distance & Independent Studies Center

Master-Fernstudiengang „Erwachsenenbildung"

Studienbegleitende Hausarbeit zum Thema

Mobile-Learning in der betrieblichen Weiterbildung von systemgastronomischen Unternehmen. Welche Gestaltungsmöglichkeiten bieten sich für selbstgesteuerte Lerneinheiten mittels Mobile-Learning in der betrieblichen Weiterbildung?

Soweit im Rahmen dieser Arbeit Berufs-/Gruppen- und/oder Personenbezeichnungen Verwendung finden, so ist auch stets die jeweils weibliche Form gemeint. Der Verfasser sieht daher bewusst von einer durchgehend genderneutralen Ausdrucksweise ab.

INHALT

1. Einleitung

Im Zuge von Globalisierung, einer sich stetig verändernder Arbeitswelt und dem schleunigen Abschlag von Wissensexplosion und -veralterung sehen sich Unternehmen wachsenden Bildungsanforderungen und Bildungsherausforderungen gegenüber gestellt. Betriebliche Weiterbildung soll - nach Möglichkeit permanent - vorhandene Kompetenz,- Qualifizierungs- und Wissensdefizite von Mitarbeitern ausgleichen.[1] Um der raschen Wissensveralterung entgegen zu wirken, ist die Forderung an den Einzelnen, eigeninitiativ und kompetent (Selbst-)Lernprozesse zu gestalten.[2]

Das Internet ist zu einem festen Bestandteil gesellschaftlicher, so auch arbeitsplatzbezogener Informations- und Kommunikationsstrukturen geworden. Die nahezu universelle Verfügbarkeit des Internets hat zur nachhaltigen Veränderungen in diesem Kontext beigetragen und das Kommunikationsverhalten deutlich verändert. Entsprechend haben sich mit diesen multimedialen Veränderungen neben traditionellen Lern-Arrangements neue Lernformen etabliert: Digitale Lernarrangements wie E-Learning und Blended Learning sind mittlerweile fester Bestandteil betrieblicher Aus- und Weiterbildung geworden.[3]

Seit der Einführung von Smartphones und Tablet-Computern (im weiteren Verlauf kurz Tablets genannt) steht Mobile-Learning, also das Lernen mittels mobiler Endgeräte, im Trend und wird dementsprechend auch in didaktisch-pädagogischen Überlegungen und Annahmen der Berufspädagogik diskutiert.[4]

Diese Studienarbeit widmet sich den Umsetzungsmöglichkeiten mobiler Lerneinheiten mittels Mobile-Learning in systemgastronomischen Unternehmen. Dazu werden im Verlauf dieser Arbeit zunächst die Begrifflichkeiten Mobile-Learning und Selbstgesteuertes Lernen Erörterung finden. Zusätzlich wird ein Forschungsprojekt vorgestellt, in dessen Kontext dann in Kap. 6 die Gestaltungsmöglichkeit von mobilen Lernszenarien diskutiert werden.

Zunächst werden aber im Verlauf und unter Berücksichtigung der gewonnen Erkenntnisse weitere mögliche praxisbezogenen Bedingungen Erörterung finden.

Abschließen werden die Ergebnisse dieser Untersuchung im Fazit dieser Arbeit bewertet und mögliche Aussichten benannt werden.

---

[1] Vgl. Severing, E. 2014: 8-9
[2] Vgl. Salle, A. 2014: 91
[3] Vgl. Sauter, W./ Sauter, S. (2013): 1
[4] Vgl. Arnold, R. (et al.) (2002): 32

2. Zuordnung und Nutzung mobiler Endgeräte

Ob der großen Vielfalt mobiler Endgeräte und diverser Interpretationsmöglichkeiten dieser Begriffskonstellation – denn wie weitreichend ist eigentlich mobil? –, die in Gänze nur in umfangreicher Form definierbar wären, beschränkt sich die Definition mobiler Endgeräte in der vorliegenden Studienarbeit auf Smartphones und Tablets.[5]

Smartphones und Tablets zeichnen sich gleichermaßen dadurch aus, dass sie leicht portabel (Gewicht und Größe) und unabhängig von Stromquellen (relativ langer Akkubetrieb) sind, Netzunabhängigkeit (Mobiles-/Datennetz) bieten, entsprechend multimediafähig sind und im Wesentlichen über einen Touchscreen, also über den Bildschirm, bedient werden. Die Größe dieser Geräte reicht dabei von handtellergroß (Smartphones) bis zum DIN A4-Format (Tablets).[6] Bei letzteren können zusätzlich flexible, größere, mobile (Voll-)Tastaturen angebracht werden.

Die Leistungsfähigkeit dieser Geräte ermöglicht neben wichtigen Kommunikationsfunktionen (Telefonieren, E-Mail-Verkehr) u.a. auch das Abrufen allgemeiner Informationen (Nachrichten, Wetter, Börse, u.v.m.), die Inanspruchnahme von Bankdienstleistungen sowie die Bearbeitung und Verwaltung von Dokumenten.[7]

Neben Tablets (7,7 Millionen verkaufte) wurden im Jahr 2014 allein auf dem deutschen Markt ca. 24 Millionen Smartphones und im Folgejahr 2015 weitere 25 Millionen Smartphones verkauft.[8]

Entsprechend der vorliegenden BITKOM-Studie nutzen 89% der 14-19 jährigen, 82% der 30-40 jährigen sowie 65% der 50-64 jährigen ein Smartphone als universell einsetzbares Gerät. Es wird gleichermaßen zum Telefonieren (100%) und Internetsurfen (93%), des Weiteren auch als Kalender, für die Terminplanung (83%) oder für Anwendungen via Apps (74%) bzw. zum Lesen und Schreiben von Emails (55%) genutzt.[9]

Nach Wächter überstieg die Anzahl der in Deutschland 2015 geschlossenen Mobilfunkverträge die Einwohnerzahl dieses Landes um 40%.[10] Das Smartphone wird demnach vor allen anderen mobilen Medien am häufigsten genutzt und gestaltet den Alltag

---

[5] *Vertiefende Literatur zur Definitionen der Begriffskonstellation „mobile Endgeräte" findet sich beispielsweise in Jan Hommes „Mobile Device Management Strategin – Wie Unternehmen dem Consumerization-Trend begegnen können" erschienen im Diplomica Verlag Hamburg, 2013*
[6] Vgl. de Witt (2013): 14
[7] Vgl. Sauter, W. / Sauter, S. (2013): 165
[8] Vgl. BITCOM 2015: 13
[9] Vgl. Ebd.: 14
[10] Vgl. Wächter, M. (2016): 5

– somit auch den beruflichen Alltag – maßgeblich. Tablets belegen in dieser Auswertung Platz zwei.[11]

3. Begriffsklärung Mobile-Learning

Blickt man auf die Entwicklung des Mobile-Learning, so ist dies nach Stoller-Schai keine besonders neue „Erfindung": mobiles Lernen findet nach Stoller-Schai bereits mit Einführung des Buchdrucks (15. Jahrhundert) Anwendung. Bücher erlauben zeit- und ortsunabhängiges Lernen, sind Wissensspeicher, überall mithinnehmbar und damit nach wie vor ein „sehr effizientes Medium des mobilen Lernens"[12].[13]

Im Zuge der technischen Entwicklungen und Errungenschaften, also mit Entwicklung mobiler Endgeräte, hat Mobile-Learning heutzutage ein neues Gesicht bekommen und wird als Lernen und Informieren mittels mobiler, portabler Endgeräte (Smartphones, Tablets, E-Book-Reader, Netbooks) verstanden, die einen unmittelbaren, zeit- und ortsunabhängigen Zugriff auf Wissen und Informationen durch permanenten Netzzugang erlauben.[14] Lernen erfolgt dementsprechend über und mit „mobilen,…drahtlos operierenden Geräten"[15].

3.1 Differenzierung E-Learning – Mobile-Learning

Dabei ist Mobile-Learning vom klassischen E-Learning zu differenzieren, obwohl beide Lernformen gleichermaßen kennzeichnet, dass Lernprozesse – wenn auch auf unterschiedlichen Endgeräten[16] – technologische Unterstützung finden: Während E-Learning das zeit- und ortsunabhängige Lernen mittels digitaler und elektronischer Medien bezeichnet, offeriert Mobile-Learning u.a. gesondert die Nutzung von Apps (Applikationen).

Solche Apps unterscheiden sich von herkömmlicher PC-Software insofern, als dass sie strukturiert in Stores abrufbar, sofort verfügbar, simpel und schnell installierbar und in-

---

[11] Vgl. Wächter, M. (2016): 3
[12] Stoller-Schai, D. 2010: Kap. 5.20
[13] Vgl. Ebd.: Kap. 5.20
[14] Vgl. De Witt, C. (2013): 15
[15] Ebd.: 15
[16] Vgl. Ebd.: 15

tuitiv bedienbar sind, und unter anderem auch das Lernen via mobilem Endgerät erlauben.[17] So haben auch Learning-Apps Einzug in die App-Stores erhalten.

3.1.1 Beispiele Learning-Apps

Eine öffentlich zugängliche Learning-App, wie die seit 2008 im Web platzierte sprachenlehrende App „Babbel", sei hier nur beispielhaft benannt. Dem Lernenden wird durch Nutzung der App angeboten, sich im Lesen, Schreiben, Hörverstehen und Sprechen einer fremden Sprache via mobilem Vokabeltrainer und Wiederholmanager in einem individualisierten Lernarrangement zu üben.[18]

Aber auch Hochschulinterne Apps, wie beispielsweise die „moBiwi kompakt"-App der Fernuniversität Hagen, die es Studierenden ermöglicht, über Frage und Antwortkarten – die frei erweiterbar sind – ihr Wissen zu ergänzen, neues Wissen zu erwerben oder Informationen abzurufen, veranschaulichen, dass Mobile-Learning sich als neues Lernformat etabliert hat.[19]

3.2 Alleinstellungsmerkmal Mobile-Learning

Mobile-Learning bietet ferner eine Art der Mobilität, die Lernen unterwegs ermöglicht und - fast nebenbei - passieren lassen kann: Das Alleinstellungs- und Qualitätsmerkmal mobilen Lernens konstatiert de Witt als „Kontextualisierung"[20].

Unter dieser Begrifflichkeit ist zu verstehen, dass mobile, vernetzte Endgeräte es dem Lernenden erlauben, nahezu alle Fragestellungen kontextbezogen und unmittelbar zu beantworten, so dass „Lernen also im Kontext realer Aufgaben"[21] – entsprechend (arbeits-)prozess- oder problembezogen – erfolgen und damit situationsbezogenes Lernen ermöglicht – Lernen auf Abruf (learning on demand).[22]

---

[17] De Witt, C. (2013): 15
[18] Vgl. Lesson Nine GmbH. Online im Internet: www.babbel.com/mobile (zugegriffen am 22.03.2016)
[19] Fernuniversität Hagen: „moBiwi kompakt (v1) Grundlagen Allgemeine Bildungswissenschaften ... Mit über 50 wissenswerten Frage & Antwortkarten, die jederzeit durch Ihre eigenen erweitert werden können, liefert moBiwi kompakt Ihnen mobiles Grundlagenwissen ... direkt auf Ihr Smartphone. Die audiovisuell dargebotenen Lerninhalte dieser interaktiven Learning-App sprechen insbesondere Studierende ... der Fernuniversität Hagen an. moBiwi kompakt ist kostenlos erhältlich und auf vielen Smartphones nutzbar. ..." Online im Internet: www.mobiwi.fernuni-hagen.de (zugegriffen am 22.03.2016)
[20] De Witt (2013): 16
[21] Ebd.: 18
[22] Vgl. Ebd.: 18

Die durch technische (Akkulaufleistung) und infrastrukturelle (W-LAN-Verbreitung/Mobilfunkdichte) Standards gegebene Unabhängigkeit, lässt Lernen so in völlig neuen situationsbedingten Kontexten stattfinden:

Wissen und Informationen können jederzeit selbsttätig über mobile Endgeräte - quasi á la minute - abgerufen werden und direkt im „Lern- und Arbeitskontext"[23] des Individuums Anwendung finden.[24]

Durch diesen unmittelbaren Bezug auf die Lebenswelt des Lernenden stellt Mobile-Learning damit erstmals den Lernenden selbst in den Focus. Im Kontext dessen müssen sich auch konzeptionelle und theoretische Überlegungen verstärkt auf das lernende Individuum bzw. dessen Bedürfnisse konzentrieren.[25]

Wo früher also das Buch als transportabler Wissensspeicher und Informationsträger fungierte, übernehmen heute ergänzend unter anderem auch Smartphones und Tablets diese Aufgabe und bieten über die Wissensvermittlung und -speicherung sowie die Informationsabfrage hinaus die Möglichkeit, praktisch jederzeit an fast jedem Ort zusätzliches Wissen bzw. neue Informationen zu erwerben und abzurufen. Mobile Endgeräte erlauben nicht nur zeit- und – in Gänze – ortsunabhängig zu lernen, sondern eben auch, das Lernen entsprechend situativer bzw. aktueller und individueller Bedürfnisse des Lernenden anzupassen.

Entsprechend können Smartphones und Tablets auch eine wichtige Rolle in der betrieblichen Weiterbildung übernehmen, indem sie Kommunikationsmöglichkeiten, Wissensvermittlung und Informationsabfrage beschleunigen und in Arbeitsprozesse integrieren können.[26]

Der Vollständigkeit halber, sollen hier auch kurz die Begriffe Social-Learning und Game-Based-Learning Erklärung finden.

3.2.1 Social Learning

Social Learning meint das Lernen in sozialen Strukturen und Netzwerken via Web oder App, auf sozialen, internetgestützten Plattformen wie bspw. YouTube, Facebook oder

---

[23] De Witt, C. (2013): 15
[24] Vgl. Ebd.: 14-15
[25] Vgl. Rohs, M. (2013): 78
[26] Vgl. Sauter, W. / Sauter, S. (2013): 164

Xing – auch Social Media genannt.[27] Hier können persönliche Profile erstellt oder Interessengruppen gebildet werden in den man sich online austauschen kann. Des Weiteren können über die Videoplattform YouTube Lernvideos, bspw. Gitarrentutorials, aufgerufen werden und die Inhalte im eigenen Tempo gelernt werden.

Das markanteste Merkmal von Social Media ist dabei die Partizipation und Kollaboration.[28] An dieser Stelle sei Beispielhaft „WikiWebs" erwähnt, die das einfache Einstellen, Bearbeiten und Veröffentlichen sowie das verknüpfen von Texten, Grafiken, Fotos oder Videos ermöglichen. Hier steht das kollaborative Er- und Bearbeiten von Inhalten im Vordergrund. Weitere Funktionen wie Micro-Blogging (z.B. Twittern) erweitern Social Media an dieser Stelle. Im Kontext zu Lernprozessen kann Micro-Blogging einen informellen, zeitnahen Austausch, zwischen den Mitgliedern einer Lerngruppe ermöglichen und zu Diskussionen und Informationsaustausch anregen.[29]

3.2.2 Game Based Learning

Auch hier steht der Aspekt des sozialen Lernens im Vordergrund. Mittels digitaler Spiele, die bspw. teamorientiertes Arbeiten, kooperatives Arbeiten oder Konfliktbewältigung zum Ziel haben, werden entsprechende – auch in der Arbeitswelt relevante - Kompetenzen gefördert.[30] Didaktisierte Lernarrangements können hier eingebettet werden, wenn im Zuge des Spiels Regeln angewandt bzw. neues Wissen generiert werden muss (zitiert nach de Witt).[31]

3.3 Grenzen von Mobile-Learning

Grenzen zeigen sich beim mobilen Lernen durch die Anwenderfreundlichkeit. Das mitunter vergleichsweise kleine Display (vgl. Kap. 2 dieser Studienarbeit) und die damit verbundenen, erschwerten Lese- bzw. Schreibmöglichkeiten, schränken Lernen in komplexen Lernsituationen sehr ein.[32]

---

[27] Vgl. De Witt, C. (2012): 8
[28] Vgl. Ebd.: 8
[29] Vgl. Ebd.: 8
[30] Vgl. Ebd.: 8
[31] Vgl. Ebd.: 8
[32] Vgl. De Witt, C. (2013): 16

Mobile-Learning kann aber – im Sinne der Kontextualisierung – einen wichtigen Beitrag zur Vernetzung von Lernen und Arbeit beisteuern, fordert aber auch entsprechend didaktische aufbereitete Lernsituationen.[33]

Es kann hier kein einfacher Transfer von E-Learning-Arrangements auf mobile Endgeräte vollzogen werden. Vielmehr ist die Forderung eine „Lernarchitektur"[34] zu gestalten, um die Stärken von Mobile-Learning im Zusammenhang mit Arbeitsprozessen oder im „Kontext eines Studiums"[35] zu nutzen und den jeweiligen Lernanforderungen entsprechend passende Lernangebote zu offerieren.[36]

4. Kurzüberblick Selbstgesteuertes Lernen Erwachsener

Zunächst soll in diesem Kapitel eine kurze Übersicht theoretischer Grundlagen selbstgesteuerten Lernens und entsprechender Lernprozesse gegeben werden. Im Folgenden werden pädagogische Konsequenzen Erläuterung finden.

4.1 Wie Lernen funktioniert

Generell ist Lernen ein Prozess, welcher der Logik der eigenen Biografie folgt und immer dann geschieht, wenn etwas für die eigene Lebenswelt bedeutsam scheint bzw. sich auf das bezieht, was bereits als Möglichkeit bzw. Potenzial im Lernenden angelegt ist. Das betrifft auch das kognitive und emotionale Sein eines Individuums: Es bewegt sich in der Welt zu seinen eigenen Bedingungen, interpretiert diese nach seinem eigenen Selbst und verknüpft jedweden Input entweder mit seinen eigenen Erfahrungswerten, Bedürfnissen und Vorprägungen - oder sondert ihn eben auch aus. In der systemisch-konstruktivistischen Didaktik gilt deshalb, dass ein Individuum zwar lernfähig, zugleich aber auch unbelehrbar ist.[37] Lernen ist also ein Prozess, der streng in die Biographie des Lernenden eingebettet ist und sich auf und in ihr begründet.[38]

[33] De Witt, C. (2013): 16
[34] Ebd.: 16
[35] Ebd.: 16
[36] Vgl. Ebd.: 16
[37] Vgl. Arnold, R. (2012): 46
[38] Vgl. Ebd.: 48

4.1.1 Theoretische Annahmen selbstgesteuerten Lernens

Neben selbstgesteuertem Lernen werden auch Begriffe wie selbstständiges, selbstorganisiertes, selbstreguliertes, autonomes, informelles, implizites und selbstverantwortliches Lernen im Kontext zu diesem Lernprozess bemüht.

Straka (et al.) beschreiben selbstgesteuertes Lernen wie folgt (zitiert nach Konrad):

„Selbstgesteuertes Lernen zeichnet sich durch ein dynamisches Zusammenwirken von Wollen, Wissen und Können aus. Es impliziert, dass der Lernende über gut organisierte Wissensbestände verfügt und bereit und fähig ist, sein Lernen eigenständig und eigenverantwortlich zu planen, zu organisieren, umzusetzen zu kontrollieren und zu bewerten..."[39]

Ähnlich ist nach Arnold unter selbstgesteuertem Lernen ein selbstorganisierter, aktiver Aneignungsprozess zu verstehen, bei dem der Lernende selbständig über sein Lernen bzw. das zu Erlernende entscheidet.[40] Diese Studienarbeit wird sich im Wesentlichen an den Überlegungen Arnolds orientieren.

Grundlegende Voraussetzungen für selbstgesteuertes Lernen sind verschiedene Kernkompetenzen des Lernenden, die im Folgenden Erläuterung finden und im weiteren Verlauf dieser Arbeit zusammengefasst als Methodenkompetenz bezeichnet werden.

Zentrale Schlüsselkompetenz des Lernenden in selbstgesteuerten Lernprozessen ist zunächst die Fähigkeit dessen, sein eigenes Lernen zu organisieren.[41]

Nach Arnold ist dies als „Selbstlernkompetenz"[42] definiert. Danach sollte der Lernende in der Lage sein, (1.) seine individuellen Lernbedürfnisse bzw. seinen Lernbedarf zu erkennen, (2.) relevante menschliche und materielle Ressourcen, wie Lernberatung und -begleitung bzw. Lernangebote und -hilfen auszuwählen und einzusetzen, (3.) sein Lernen hinsichtlich der Lernziele, der Lerninhalte und der Lernumgebung zu strukturieren, (4.) geeignete Lernmethoden auszuwählen und (5.) seinen Lernprozess bzw. das Lernergebnis/den Lernerfolg zu evaluieren.[43]

Zusätzliche Kompetenzanforderungen deklariert Arnold wie folgt:

---

[39] Konrad, K. (2013): 137
[40] Vgl. Arnold, R. (2002): 33
[41] Vgl. Konrad, K. (2013): 136
[42] Vgl. Arnold, R. (2002): 33
[43] Vgl. Ebd.: 34

- Wissenskompetenz, d.h. die Handhabung und die Organisation von Recherche, von Wissensaneignung bzw. -auswertung und von Informationsmitteilung[44]
- Kommunikationskompetenz, also die Möglichkeit zu haben, zielorientiert „kooperative und kommunikative Prozesse…konfliktfrei und wirksam zu gestalten"[45]
- Emotionale Kompetenz, d.h. selbstreflexiv um die innere und äußere Wirkung (Selbst(un)wirksamkeit) und die Besonderheiten eines Selbst wissen und entsprechende Reaktionen des Außen steuern können[46]

Der Lernende tritt in der selbstgesteuerten Lernkultur demnach als selbstbestimmter Akteur auf, der durch Reflexion seiner eigenen (Lern)Bibliographie seinen Werdegang und seine Ist-Situation begreifen, analysieren und durch passende Maßnahmenergreifung modifizieren bzw. im Verlauf des Lernprozesses ggf. verändern und erneut den individuellen Bedürfnissen anpassen kann.[47] Inhalte selbstgesteuerter Lernprozesse müssen entsprechend variierbar sein.[48]

Ein methodenkompetenter Lerner, so konstatiert Arnold weiter, kann sogar im Idealfall auf „Lehre, Beratung und Begleitung"[49] verzichten, da er selber über das nötige Wissen zur Organisation seines Lernens verfügt.[50]

4.1.2 Didaktische Grundlagen selbstgesteuerte Lernprozesse

Entsprechend den vorgenannten Ausführungen zu selbstgesteuertem Lernen, liegt der Focus nicht mehr, wie in klassischen Lehr-Lern-Arrangements, auf der Vermittlung starrer Curricular und konkreter Inhaltsanforderungen, sondern vielmehr auf dem Lernenden selbst. Ihm obliegt die Entscheidung über das Was, Wie, Wo, Wann und Womit des Lernens.

Somit muss die Forderung an die (Berufs)Pädagogik sein, das Augenmerk auf die Gestaltung von passenden Lernarrangements anstelle von Lehrarrangements zu legen, die dem Individuum Lernen und entsprechende Prozesse überhaupt erst ermöglichen.

Arnold spricht hier von Ermöglichungsdidaktik.

---

[44] Vgl. Arnold, R. (2013): 17
[45] Ebd.: 17
[46] Vgl. Ebd.: 17
[47] Vgl. Ebd.: 15
[48] Vgl. Arnold, R. (2002): 33-34
[49] Arnold, R. (2013).: 16
[50] Vgl. Ebd.: 16

Hierzu ist ein Umdenken hinsichtlich der didaktischen Ansätze von Nöten. Voraussetzung für eine ermöglichende Didaktik ist die Umorientierung von der Input-Didaktik (Ziel: Wissensvermittlung) zur Outcome-Didaktik (Ziel: Lernergebnis), die sich an systemisch-konstruktivistischen Ansätzen orientiert.[51]

Diese Verlagerung rückt Kompetenzziele anstelle von Wissenszielen in den Vordergrund, fördert und begleitet informelles bzw. selbstgesteuertes Lernen anstelle von formellen, fremdgesteuerten Lernprozessen und bezieht den Arbeitsplatz wieder als Lernort ein.[52]

Im Kontext zu dieser Lernkultur ist die Anforderung an die Lehrenden, den Lernenden in Lernprozessen wie auch der Entwicklung seiner Methodenkompetenz zu beraten, zu fördern und zu begleiten. Es gilt Strategien und Maßnahmen zu entwickeln bzw. einen Rahmen (Lerninfrastruktur) zu schaffen, der die nötige Transparenz und Vielfalt offeriert und dem Lernenden erlaubt, selbständig, Lernen bzw. kompetenzentwickelnde Prozesse und damit einhergehenden Problemlösungsprozesse zu gestalten.[53]

5. Selbstgesteuertes Lernen im Kontext zu Mobile-Learning – Anwendungsmöglichkeiten – Lernkonzepte – pädagogische Herausforderungen

Wie bereits dargelegt, erfordern selbstgesteuerte Lernprozesse ein hohes Maß an Eigenverantwortlichkeit, Selbstreflexion und Selbstorganisation und finden in unterschiedlichen Lernarrangements formeller, non-formeller oder informeller Couleur statt.

5.1 Mobile-Learning in der beruflichen Aus- und Weiterbildung

In der jüngeren Vergangenheit haben sich verschiedene umfangreiche Forschungsprojekte und Studien mit dem realistischen Bedarf und der tatsächlichen Einsetzbarkeit von Mobile-Learning in Unternehmen bzw. der beruflichen Aus- und Weiterbildung beschäftigt.

In Kürze sei hier beispielhaft das Forschungsprojekt der Fernuniversität Hagen nebst einem Auszug der Ergebnisse abgebildet:

---

[51] Vgl. Arnold, R. (2012): 48
[52] Vgl. Sauter, W. / Sauter, S. (2013): 55
[53] Vgl. Arnold, R. (2012): 48

Forschungsprojekt „Mobiles Lernen – prozessbezogenes Informieren und Lernen in wechselnden Arbeitsumgebungen" der Fernuniversität Hagen im Verbund mit der Daimler AG Mannheim, der IAG/DGUV Dresden und Handylearn Projects H2h e.k. Hamburg in den Jahren 2009-2012 (zitiert nach Gloerfeld/Sieber 173)[54]

Ziel dieser Forschungsarbeit war es u.a. die Nutzung von mobilen Lernanwendungen in formellen Bildungskontexten (Zertifikat, Prüfungsvorbereitung, Berichtheftpflege, curriculare Lerninhalte),[55] die didaktische Umsetzung und die Lernerfolge derer mittels reeller, zielgruppenspezifischer, sowohl selbstgesteuerter als auch angeleiteter[56] Mobile-Learning-Settings zu untersuchen. Zielgruppe waren (1) Berufskraftfahrer, (2) Auszubildende Elektriker und (3) Auszubildende von Automobilunternehmen.[57]

Zu diesem Zweck wurden unterschiedliche mobile Lernszenarien konzipiert bzw. programmiert und den Teilnehmern via App oder E-Learning-Arrangement zur Verfügung gestellt. Diese wurden für die Zielgruppe der Auszubildenden in die bestehenden Lernsituationen implementiert (Unterricht/Ausbildungsbetrieb).[58]

So konnten mobile Lernszenarien an unterschiedlichen Zielgruppen getestet werden.

Das Forschungsprojekt kam zu folgenden Ergebnissen:[59]

Arbeitsnahe mobile Lernszenarien (Berufskraftfahrer mit dem Thema Arbeits- und Gesundheitsschutz, vermittelt via App und E-Learning-Settings) werden gut angenommen. Lernerfolge konnten so nicht nur über die Wissensaneignung sondern auch über die Wissensanwendung ermittelt werden.[60] Dies betraf im Wesentlichen praxisbezogene Anwendungen oder kleinere Lerneinheiten, die aufeinander aufbauten und mit einem Test abschlossen.[61] Selbstgesteuertes Lernen und angeleitetes Lernen wurde hier gleichermaßen angewandt.[62]

Des Weiteren besteht in der schulischen Berufsausbildung, also im Besonderen im Kontext formalen Lernens, die Bereitschaft und Ansätze mobile Lernanwendungen einzusetzen. Allerdings sollten, ob der zeitlichen Ressourcen der Lehrkörper, vorgefertigte

---

[54] Gloerfeld, C. / Sieber, A. (2013): 173 - *Vertiefende Informationen zum Forschungsprojekt sowie den Abschlussbericht dessen sind online unter www.mlearning.fernuni-hagen.de/das-verbundprojekt/ einsehbar.*
[55] Vgl. Ebd.: 178-180
[56] Ebd.: 194
[57] Ebd.: 174
[58] Vgl. Ebd.: 178
[59] Vgl. Ebd.: 173
[60] Ebd.: 201
[61] Vgl. Ebd.: 193-194
[62] Vgl. Ebd.: 194

Lernkonzepte sowie eine intakte Lernumgebung, die „mit allen notwendigen Lernmaterialien ausgestattet ist"[63], eingesetzt werden.[64]

Im Gegensatz zu der betrieblichen Ausbildungsstätte wurden in der schulischen Ausbildung Hürden hinsichtlich der Akzeptanz der Nutzung mobiler Endgeräte während der Arbeit auf Seiten den Lehrenden wie der Lernenden festgestellt. So sollten zukünftig Lernszenarien geschaffen werden, die „einen Mehrwert für den Einsatz im Arbeitsalltag bringen"[65] und sich den Rahmenbedingungen anpassen. Unpassende Lerninhalte führen oftmals zu einer radikalen Verweigerung oder forcieren das Ausweichen auf konkurrierende Mobile-Learning-Angebote.[66]

Die durchschnittliche Lernsession war elf Minuten lang, damit doppelt so lang wie angenommen und wurde vornehmlich in Zeiten genutzt, die den Teilnehmern die nötige Ruhe zum Lernen gaben. Ebenso kommt die Studie zu dem Ergebnis, dass Pausenzeiten, Leerlauf- oder Wartezeiten vor allem zum Lernen genutzt wurden, so dass Lernzeiten nicht als zusätzliche sondern als ersetzende Zeit eingestuft werden kann.[67]

Fazit des Forschungsprojektes:

Die mobilen Lernangebote wurden positiv angenommen und konnten auch teilweise gut umgesetzt werden, so dass Lernerfolge zu verzeichnen waren. Akzeptanz, Mehrwert und Unterstützung sind am besten zu erreichen, in dem alle wesentlich Beteiligten in den Prozess der Entwicklung mit einbezogen werden. Der Mehraufwand hins. Erstellung, Auf- und Nachbereitung, Pflege sowie die Kontinuität der Begleitung und Betreuung solcher Lernprozesse sollte berücksichtigt werden. Bzgl. der Lerninhalte und -dauer sollte eine didaktische Umorientierung stattfinden, die Mobile-Learning-Arrangements in Anlehnung an Erfahrungswerte aus E-Learning-Prozessen modifiziert.[68]

Für die Berufspädagogik und hinsichtlich betrieblicher Aus- und Weiterbildung bzw. Kompetenzförderung mittels Mobile-Learning bedeutet dies folgerichtig, dass Lernarrangements zu schnüren sind, die

1.) selbstgesteuertes Lernen hins. Nutzerfreundlichkeit und Transparenz zulassen

---

[63] Vgl. Gloerfeld, C. / Sieber, A. (2013): 201
[64] Vgl. Ebd.: 201
[65] Vgl. Ebd.: 201
[66] Vgl. Ebd.: 201-202
[67] Vgl. Ebd.: 202
[68] Vgl. Ebd. 201-202

2.) in vorliegende Arbeits-/Studienprozesse integriert werden können

3.) den Lernenden mehr in den Fokus des Geschehens rückt

4.) alle wesentlich Beteiligten in die Gestaltung mobiler Lerninfrastrukturen, -inhalten und -architekturen mit einbeziehen

5) Strukturen zur Vernetzung von E-Learning-Settings und mobilen Anwendungen schaffen

6) Problemsituationen als Lernanlass zur Verfügung zu stellen

5.2 Selbstgesteuerte Lernkonzepte mittels mobiler Endgeräte nach de Witt

Nachdem nunmehr Mobile-Learning im Kontext formeller, mitunter selbstgesteuerter oder angeleiteter Lernsituationen durchleuchtet wurde, soll sich dieses Kapitel der Untersuchung mobilen Lernens im Unternehmen unter Berücksichtigung der Kontextualisierung nach de Witt – also dem situativ bedingten, zumeist informellen Lernen mittels mobiler Endgeräte – widmen.

De Witt formuliert hier dreierlei Lernkonzepte:

- Problematisiertes Lernen
- Aufgabenorientiertes Lernen
- Informelles Lernen

Problematisiertes Lernen meint eine Lernform, in der sich Lernende mit der Lösung von Problemstellungen ihres Arbeits- oder Berufsalltag konfrontiert sehen, somit situativ und problembezogen agieren und lernen. Diese Lernform schließt die direkte Reflexion von Lernprozess und -ergebnis ein.[69]

Aufgabenorientiertem Lernen liegt die Bearbeitung aufgabenbezogener Lerninhalte zu Grunde, wobei sich die Inhalte und Strukturen des Lernstoffes an den alltäglichen, beruflichen Anforderungen des Lernenden orientieren und   tatsächlich bestehende Arbeitsaufträge oder entsprechende Handlungen als Aufgabenstellung bereitstellen.[70]

Unter informellem Lernen schließt de Witt alle außerordentlichen Lernprozesse zusammen, denen kein formaler Rahmen gegeben ist, solche Lernprozesse also, die

---

[69] De Witt, C. (2012): 7
[70] De Witt, C. (2012): 7

bspw. nicht betrieblich organisiert oder unterstützt werden und die Lernen als unmittelbare Lösung situativer Anforderungen oder Probleme versteht.[71]

Dabei ist ergänzend festzuhalten, dass kontextualisiertes Lernen generell – so auch im Arbeitsprozess – als informell, da situativ bedingt, einzustufen ist.[72]

Nach den bisher gewonnen Erkenntnissen ist Mobile-Learning in Verbindung mit klassischen Lernformen möglich, in kleineren, konkreten Arbeits- oder Studienbezogenen Aufgaben durchaus anwendbar, aber für die Vermittlung komplexerer Lerninhalte nicht geeignet (Vgl. Kap. 3.3 dieser Studienarbeit).

5.3 Anforderungen an mobile Lehr-Lern-Situationen auf Basis eines E-Learning-Prozesses

Unter Berücksichtigung des Vorgenannten – im Wesentlichen der Erkenntnisse aus der vorgestellten Forschungsarbeit und der entsprechenden Forderung nach mobilen Lernsettings, die sich an den Grundlagen und Erfahrungen des E-Learnings orientieren (vgl. Kap. 5.1.2 dieser Studienarbeit), sollen im Folgenden kurz die Bedingungen für erfolgreiches, selbstgesteuertes Lernen mittels E-Learning nach Sauter und Sauter Erläuterung finden.

Demnach sind für die Gewährleistung der Effizienz und des Erfolges solcher Lernprozesse folgende Bedingungen von Nöten:

Struktur: die Transparenz hins. der Lernziele und -inhalte bzw. Lernhilfen[73]

Verbindlichkeit: die Vereinbarung von Lernschritten, der Abschluss von Lernpartnerschaften, die Anwendung von fixierten Wissensprüfungen[74]

Kommunikation: die Einbeziehung von Experten und Lernpartnern, themenbezogener Chats oder Foren zum Austausch während des Lernprozess[75]

---

[71] Vgl. Ebd.: 7
[72] De Witt, C (2013): 21
[73] Vgl. Sauter, W. / Sauter, S. (2013): 185
[74] Vgl. Sauter, W. / Sauter, S. (2013): 185
[75] Vgl. Ebd.: 185

Lernbegleitung durch E-Tutoren und E-Coaches; die Betreuung, Beratung und Unterstützung der Lernenden durch Tutoren und Coaches mittels Chat und Foren oder auch telefonisch im Lernprozess[76]

Regelmäßige Rückmeldung: klares Feedback zu allen bearbeiteten Aufgaben geben; Rückmeldende sind hier Lernpartner und -gruppen gleichermaßen wie E-Tutor oder E-Coach[77]

Flankierung: die Motivation bzw. Unterstützung durch Dritte (Lernpartner bzw.- gruppen, Lernbegleiter)[78]

Entsprechend sind dafür soziale Plattformen und „LearningManagementSysteme"[79] zu schaffen, die diese Bedingungen erfüllen können.

Auch für Mobile-Learning erscheinen diese Bedingungen bzw. Anforderungen durchaus sinnvoll und haben sich teilweise bereits im vorgestellten Forschungsprojekt der Fernuniversität Hagen bewährt. So wurden dort bspw. lernbegleitende und -beratende Strukturen geschaffen.[80]

6. Gestaltungsmöglichkeiten von Mobile-Learning-Arrangements in einem systemgastronomischen Unternehmen

6.1 Definition Systemgastronomie

Die Systemgastronomie lebt – wie viele Unternehmen weltweit – von der Schnelllebigkeit, dem permanenten und innovativen Anpassen der Produktpalette.

Sie zeichnet sich im Vergleich zu der herkömmlichen Gastronomie im Wesentlichen durch die folgenden Punkte aus[81]:

1. Systemgastronomische Unternehmen verfügen als System über mehrere Betriebe oder Filialen

---

[76] Vgl. Ebd.: 185
[77] Vgl. Ebd.: 185
[78] Vgl. Ebd.: 186
[79] Ebd.: 186
[80] Vgl. Gloerfeld, C. / Sieber, A. (2013): 183
[81] Vgl. Bundesverband Systemgastronomie – Definition Systemgastronomie

2. Arbeitsabläufe innerhalb der Betriebe sind vereinheitlicht und/oder standardisiert und effizient hins. zeitlicher und personeller Aspekte gestaltet[82]

3. Die Produktpalette der Betriebe ist vereinheitlicht und/oder standardisiert[83]

4. Die Technik ist standardisiert (bspw. Kassensysteme)[84]

5. Die Ausstattung der Betriebsräumlichkeiten können vereinheitlicht und/oder standardisiert sein[85]

Diese Standards sind in einem solchen System beliebig und bis ins Kleinste erweiterbar.

Systemgastronomische Unternehmen können sowohl herkömmliche Bedienungskonzepte anbieten, als auch im Bereich der Selbstbedienungsrestaurants angesiedelt sein. Viele der systemgastronomischen Unternehmen vereinen Elemente aus beiden Bewirtungskonzepten. Gleichzeitig bietet ein systemgastronomisches Unternehmen ein Gastronomiekonzept mit Wiedererkennungswert und wird damit der Nachfrage der Verbraucher gerecht.[86]

Dementsprechend sind Standards bzgl. der Produkte und des Services permanent in den Betrieben umzusetzen bzw. neu einzuführen.

In aller Regel werden in diesen Unternehmen Mitarbeiter in den folgenden Anstellungsverhältnissen beschäftigt:[87]

- Festangestellte (Voll- bzw. Teilzeitbeschäftigte)
- Studentische Aushilfen
- Geringfügig Beschäftigte
- Auszubildende
- Praktikanten

Entsprechend vielschichtig sind die Bildungshintergründe der Mitarbeiter in systemgastronomischen Unternehmen anzunehmen.

Diese Studienarbeit orientiert sich an generellen Gestaltungsmöglichkeiten, weshalb weitere Kennzahlen, wie bspw. Alter, Geschlecht, Staatsangehörigkeit, etc. hier nicht

---

[82] Vgl. Maack, K. (et. Al.) (2013): 49
[83] Vgl. Ebd.: 49
[84] Ebd.: 49
[85] Vgl. Ebd.: 49
[86] Vgl. Ebd.: 37
[87] Vgl. Ebd.: 65 ff.

benannt werden, die aber sicherlich eine zielgruppenspezifischere Gestaltung von mobilen Lernarrangements ermöglichen würde.

6.2 Gestaltungsmöglichkeiten mobiler, selbstgesteuerter Lernszenarien für Mitarbeiter eines systemgastronomischen Unternehmens

Nach den bisherigen Erkenntnissen, ist die Umsetzung komplexer Lerninhalte mittels Mobile-Learning ob der technischen Voraussetzungen als zumindest schwierig einzustufen (vgl. Kap. 3 dieser Studienarbeit). Deshalb wird sich das folgende Kapitel an Gestaltungsmöglichkeiten orientieren, die Mobile-Learning in Ergänzung zu Vorkenntnissen oder bestehenden Lernsituationen anbietet.

6.2.1 Kontextualisiertes Lernen mittels Standard-App

Als gut umsetzbar im Bereich mobilen Lernens haben sich kleinere, kontextbezogene – mitunter situative – Lernsituationen erwiesen (vgl. Kap. 5 dieser Studienarbeit), die per se selbstgesteuert vorgenommen werden.

Da nach de Witt das herausragende Merkmal von Mobile-Learning die Kontextualisierung ist (vgl. Kap. 3 & 5 dieser Studienarbeit), also situativ und problem- bzw. Aufgabenbezogen stattfindet, wäre das folgende Lernszenarium an dieser Stelle denkbar.

Die Herausforderung für die Mitarbeiter eines systemgastronomischen Unternehmens liegt in der permanenten Einhaltung und Umsetzung vorgegebener bestehender und neuer Standards. An dieser Stelle scheint es sinnvoll, eine App in Form eines Standard-Nachschlagewerks zu konzipieren, auf das Mitarbeiter bei Aufgabenstellungen bzw. zur Problemlösung, entsprechend situationsorientiert, zugreifen könnten. Eine solche App könnte in einem unternehmensinternen Intranet[88] implementiert und gesteuert werden und wäre damit auch auf PCs abrufbar.

Entsprechend sollten die Standards des Unternehmens als Lerninhalte in dieser App

- alphabethisch hinterlegt sein
- über die Stichwortsuche zu ermitteln sein

---

[88] Gabler-Wirtschaftslexikon: *„Intranet: unternehmens- bzw. organisationsinternes Computernetzwerk, welches auf dem Internetprotokoll TCP/IP basiert. Das Intranet dient zur Unterstützung unternehmensinterner Prozesse. Der Datentransfer zwischen Intranet und Internet bzw. World Wide Web wird durch eine sog. Firewall reguliert."*

Dort könnten sowohl kleinere Standards (bspw. „Tisch eindecken", „Putzmittel für Marmorplatten") wie auch umfangreichere Standards (bspw. „Hygienevorschriften", „Arbeitssicherheit") als Lerntexte niedergeschrieben werden.

Sollten neue Standards eingepflegt werden, könnten sie in Form von Badgets, also als Zahl oberhalb des App-Icons, zumindest sichtbar gemacht werden. Beim Aufrufen der App wäre vorstellbar, dass neue Standards quasi als neue Benachrichtigungen in chronologischer Reihenfolge angezeigt und nach Lesebestätigung derer im Nachschlagewerk automatisiert „einsortiert" würden.

Auch wäre die Vergrößerung des Nachschlagewerkes durch die Erweiterung um eigene Inhalte und arbeitsbezogene Wissensbestände (Erfahrungswissen) im Sinne eines kollaborativen Netzwerks denkbar, á la Wikis.

Zusätzlich könnten hier – ähnlich der Umsetzung im Forschungsprojekt der Fernuniversität Hagen – Videos (interaktive Lernvideos) und Podcast zu den entsprechenden Themenbereichen in der App Einsatz finden.[89] Letztere wurden, den vorliegenden Forschungsergebnissen zufolge, besonders gut als Lernmaterial eingestuft.[90]

6.2.2 Micro-Learning

Um nicht nur eine Plattform für situatives informelles Lernen zu schaffen, sondern weiterführend selbiges zu forcieren und so die Standards des Unternehmens nachhaltiger im Bewusstsein der Mitarbeiter zu verankern, wäre darüber hinaus denkbar, die Standards nach ihrer Komplexität zu kategorisieren und als Zertifikatskurse anzubieten.

So könnten komplexere Themenbereiche in Unterkategorien aufgeschlüsselt werden, bspw. der Themenbereich Arbeitssicherheit in die Module

- Grundsätze der Unfallverhütung
- Maßnahmen der Unfallverhütung
- Arbeitsschutz zur Vermeidung von Gesundheitsschäden
- Notfallvorsorge

Diese Module wären entsprechend weiter aufzuschlüsseln und mit passenden Kurzlerninhalten zu füllen.

---

[89] Gloerfeld, C. / Sieber, A. (2013): 200
[90] Vgl. Ebd.: 192

18

Solche Lerneinheiten könnten via Lerntext/-video, oder Podcast eingestellt werden und jeweils mit Wissensfragen – hier böte sich Multiple Choice an – oder Übungselementen abschließen. Auch wären hier Push-Up-Nachrichten denkbar, die Lerneinheiten aufbauend auf vorher absolvierten Einheiten, anbieten.[91]

Das, im Kontext zu dem gesamten Themenkomplex, neu erworbene Wissen könnte abschließend mit einem Test geprüft werden, der auch als Zertifikatstest angeboten werden könnte.

Für ein solches Verfahren des Wissensaufbaus müsste eine solche App allerdings nutzerbasiert konzipiert werden.

Diese Verfahrensweise würde Micro Learning nahe kommen.

Unter Micro-Learning sind kurze, kleine – auch formelle – Lerneinheiten zu verstehen, die einen Lernzeitumfang von 15 Minuten nicht überschreiten und eine schrittweise Wissensvermittlung zulassen (zitiert nach Sauter/Sauter).[92]

Folgt man den Ausführungen Baumgartners, so ist vor allem Feedback – nicht zwangsläufig durch den Lernbegleiter – zumindest aber durch das System, von Nöten. Feedback biete dabei den Lernenden die Möglichkeit zur Reflexion ihres Lernprozesses.[93] Feedback könnte demnach bereits der Hinweis auf die fehlerhafte Beantwortung einer Frage sein. Baumgartner bezeichnet diesen Vorgang als „didaktische Interaktion"[94].

Zusätzliche Programminteraktionen wie das Füllen von Lücken, das Sortieren von Objekten oder das Abstimmen von Objekten bspw. via Drag&Drop (bewegen von Objekten) eröffnen nach Baumgartner weitere didaktische Interaktionsmöglichkeiten.[95]

6.2.3 Weitere Lernszenarien

In Anlehnung an das Forschungsprojekt der Fernuniversität Hagen sind diverse mobile Lernsetting denkbar.

So könnten bspw. auch in einem systemgastronomischen Unternehmen prüfungsvorbereitende Lerneinheiten über entsprechend programmierte und gestaltete Apps ange-

---

[91] Vgl. Sauter, W. / Sauter, S. (2013): 163
[92] Vgl. Ebd.: 162
[93] Vgl. Baumgartner (2014): 20
[94] Vgl. Ebd.: 20-21
[95] Vgl. Ebd.: 21

boten werden, die über Push-Up-Meldungen neue Lerninhalte anzeigen und den Datenaustausch bzw. kollaborative Gruppenarbeiten via Sozialem Netzwerk oder speziell eingerichteten Foren ermöglichten. Die Bearbeitung von Wissenstest mit integriertem, systemgesteuertem Feedback kann hier einen Betrag für die Wissensreflexion der Lernenden leisten. Gerade Faktenwissen kann über mobile Lerneinheiten vermittelt werden, so Ergebnis des Forschungsprojektes in diesem Kontext.[96]

Mobile-Learning könnte auch, unter Voraussetzung eines Blogs in der Intranet-App des Unternehmens, in Form eines Wettbewerbs „Wer kreiert den schönsten Cappuccino" stattfinden, bei dem Mitarbeiter Fotos nebst Handlungsanweisungen zur Herstellung einstellen.

Auch ist denkbar, dass Mobile-Learning ähnlich der Prüfungsvorbereitung für Auszubildende zur Nachbereitung komplexer, formeller Lernarrangements genutzt wird,[97] indem den Teilnehmern nach einem Seminar vertiefende, seminarbezogene Aufgaben – möglicher Weise auch seminarinhalttransferierende Aufgaben – via App oder mobiler Webseiten zur Verfügung gestellt werden.

Grundsätzlich kann bei der generellen Gestaltung mobiler Lern-Arrangements in didaktischer Hinsicht darauf verwiesen werden, dass gewisse Strukturen, wie unter Kap. 5.3 dieser Studienarbeit geschildert, geschaffen werden sollten, um so die nötige Transparenz der Lerninhalte und -ziele anzubieten, bzw. das notwendige, motivierende Feedback, nach Baumgartner systemgesteuert, nach Sauter und Sauter durch Lernpartner oder -begleiter, zu offerieren.

7. Fazit

Entsprechend der vorgenommenen Untersuchung darf hier resümiert werden, dass Mobile-Learning durchaus einige Gestaltungsmöglichkeiten für selbstgesteuerte Lernprozesse im Kontext zur betrieblichen Aus- und Weiterbildung offeriert.

Allerdings sind hier auch klare Grenzen zu stecken. Gerade die technischen Begebenheiten mobiler Geräte bedingen, dass die Erfassung komplexerer Lerninhalte sowie die Bearbeitung in komplexen Zusammenhängen nur schwerlich möglich sind.

---

[96] Vgl. Gloerfeld, C. / Sieber, A. (2013): 185
[97] Vgl. Rohs, M. (2013): 86

So können bspw. längere Fließtexte über das eher kleine Display nur umständlich und abgehackt gelesen werden und auch die Bearbeitung von umfangreicheren Schreibaufgaben wird durch die kleinen Tastaturen nahezu unmöglich gemacht. Ausnahme bilden hier Tablets mit extern anschließbaren Tastaturen.

Die wesentliche Stärke von Mobile-Learning wurde im Bereich des kontextualisierten Lernens ausgemacht. Durch seine Netz- und Stromunabhängigkeit kann Lernen so á la minute (on-demand-Verfügbarkeit) situativ und im Kontext zur Lebenswelt des Lernenden, so auch arbeitsprozessbegleitend oder -integriert, stattfinden.

Trotz des Ergebnisses, dass Mobile-Learning im Wesentlichen informell, da situationsbezogen, stattfindet, offeriert es dennoch Möglichkeiten innerhalb formeller Lernprozesse als ergänzendes und unterstützendes Lernmedium zu dienen und kann diesbzgl. in solche Lernprozesse einbezogen werden.

Die zukünftige Herausforderung an die Gestalter (Pädagogen/Programmierer) mobiler Lerninfrastrukturen und -architekturen wird es sein, gerade situative mobile Lernanlässe tiefergehend zu betrachten, zu durchleuchten und zu analysieren um ein umfassenderes Verständnis für den Nutzer, also den Lernenden, und dessen Bedürfnisse zu entwickeln. Forschungsprojekte, wie das der Fernuniversität Hagen, sind hier ein guter Ansatz, Bedingungen für und Anforderungen an mobiles Lernen gründlicher zu durchleuchten.

Weitere zukünftige Studien und Forschungsarbeiten könnten in der Reflexiven Bewertung der Ergebnisse Rückschlüsse zulassen, die Mobile-Learning und klassische Lernformen sinnvoller miteinander vernetzen könnten. Auch die Einbeziehung von Aspekten aus bestehenden E-Learning-Arrangements könnte Mobile-Learning reflexiv weiterentwickeln und als wertvolles, zeitgemäßes Lernmedium in der Bildungswelt etablieren.

LITERATURVERZEICHNIS

ARNOLD, ROLF / LERMEN, MARKUS (Hrsg.): Independent Learning. Die Idee und ihre Umsetzung. Grundlagen der Berufs- und Erwachsenenbildung. Band 72. Baltmannsweiler

DE WITT, CLAUDIA / SIEBER / ALMUT (Hrsg.): Mobile Learning. Potenziale, Einsatzszenarien und Perspektiven des Lernens mit mobilen Endgeräten. Wiesbaden.

GLOERFELD, CHRISTINA / SIEBER, ALMUT (2013): Mobiles Lernen in der beruflichen Bildung – Darstellung der Forschungsergebnisse mobiler Lernszenarien für Berufskraftfahrer und Auszubildende der Elektrotechnik. In: DE WITT, CLAUDIA / SIEBER, ALMUT (Hrsg.): Mobile Learning. Potenziale, Einsatzszenarien und Perspektiven des Lernens mit mobilen Endgeräten. Wiesbaden. S. 173-203

GLOERFELD, CHRISTINA / KUSZPA, MACIEJ / DE WITT, CLAUDIA (2015): Mobile Learning – von den Erwartungen in 2005 zur Realität in 2015: Eine vergleichende Untersuchung zu Mobile Learning in Unternehmen. Online im Internet: www.ubdeposit.fernuni-hagen.de/receive/ (zugegriffen am 30.03.2016)

KONRAD, KLAUS (2013): Independent Learning an der Hochschule – Bezüge zum selbstgesteuerten Lernen und unterstützende (kooperative) Lehr-Lern-Arrangements. In: ARNOLD, ROLF / LERMEN, MARKUS (Hrsg.): Independent Learning. Die Idee und ihre Umsetzung. Grundlagen der Berufs- und Erwachsenenbildung. Band 72. Baltmannsweiler. S. 135-147

MAACK, KLAUS / HAVES, JAKOB / HORTMANN, BIRTE / SCHMID, KARIN (2013): Die Zukunft des Gastgewerbes. Beschäftigungsperspektiven im deutschen Gastgewerbe. In: Hans-Böckler-Stiftung (Hrsg.): Edition 188. Personalarbeit im Betrieb. Düsseldorf

ROHS, MATTHIAS (2013): Informelles Mobiles Lernen. In: DE WITT, CLAUDIA / SIEBER, ALMUT (Hrsg.): Mobile Learning. Potenziale, Einsatzszenarien und Perspektiven des Lernens mit mobilen Endgeräten. Wiesbaden. S. 78

SAUTER, WERNER / SAUTER, SIMON (2014): Workplace Learning. Integrierte Kompetenzentwicklung mit kooperativen und kollaborativen Lernsystemen. 2. Auflage. Heidelberg

SALLE, ALEXANDER (2014): Selbstgesteuertes Lernen mit neuen Medien. Arbeitsverhalten und Argumentationsprozesse beim Lernen mit interaktiven und animierten Lösungsbeispielen. Dissertation. Universität Bielefeld.

SEVERING, ECKART (2014): Studienbrief EB 1310. Strategien und Methoden betrieblicher Weiterbildung. 2., überarbeitete und aktualisierte Auflage. Kaiserslautern

STOLLER-SCHAI, DANIEL (2010): Mobiles Lernen – die Lernformen des Homo Mobilis. In: HOHENSTEIN, ANDREAS / WILBERS, KARL (Hrsg.): Handbuch E-Learning. 33. Erg.-Lfg. (2010 Kap. 5.20)

WÄCHTER, MARK (2016): Mobile Strategy. Marken und Unternehmensführung im Angesicht des Mobilen Tsunami. Wiesbaden

ZINTH, CLAAS-PHILIPP / SCHÜTZ, JULIA (2009): E-Learning in der Hochschulpraxis: Wie Lehren und Lernen nicht auf der (virtuellen) Strecke bleibt. In: HOLTEN, ROLAND / NITTEL, DIETER (Hrsg.): E-Learning in Hochschule und Weiterbildung. Einsatzchancen und Erfahrungen. Bielefeld S. 95-105

INTERNETQUELLEN

ARNOLD, ROLF / GÓMEZ, CLAUDIA / KAMMERA, JUTTA (2002): Fachbeitrag. Selbst gesteuertes Lernen als Perspektive der beruflichen Bildung. BIBB (Hrsg.). Bonn. Online im Internet: www.bibb.de (zugegriffen am 21.03.2016) S. 32

ARNOLD, ROLF (2012): Ermöglichungsdidaktik – die notwendige Rahmung einer nachhaltigen Kompetenzreifung. BIBB (Hrsg.). Bonn. Online im Internet: www.bibb.de (zugegriffen am 24.03.2016) S. 46

BAUMGARTNER, PETER (2014): Lernen in Häppchen. Microlearning als Instrument der Personalentwicklung. Online im Internet www.peter.baumgartner.name/uploads/2014/01/Microlearning-Personalentwicklung_2014.pdf (zugegriffen am 30.03.2016)

BdS - BUNDESVERBAND DER SYSTEMGASTRONOMIE e.V. Online im Internet: www.bundesverband-systemgastronomie.de/definition-systemgastronomie (zugegriffen am 30.03.2016)

CELONA GASTRO GMBH. Online im Internet: www.celona.de (zugegriffen am 19.03.2016)

DE WITT, CLAUDIA (2012): Themenschwerpunkt. Neue Lernformen für die berufliche Bildung: Mobile Learning – Social Learning – Game Based Learning. BIBB (Hrsg.). Bonn. Online im Internet: www.bibb.de (zugegriffen am 23.03.2016). S. 6

FERNUNIVERSITÄT HAGEN. Online im Internet: www.mobiwi.fernuni-hagen.de (zugegriffen am 22.03.2016)

GABLER WIRTSCHAFTSLEXIKON. Online im Internet: www.wirtschaftslexikon.gabler.de (zugegriffen am 30.03.2016)

LESSON NINE GMBH. Online im Internet: www.babbel.com/mobile (zugegriffen am 22.03.2016)

BEI GRIN MACHT SICH IHR WISSEN BEZAHLT

- Wir veröffentlichen Ihre Hausarbeit,
  Bachelor- und Masterarbeit

- Ihr eigenes eBook und Buch -
  weltweit in allen wichtigen Shops

- Verdienen Sie an jedem Verkauf

Jetzt bei www.GRIN.com hochladen und kostenlos publizieren